JN438712

그대라는 빛

그대라는 빛

김미애 시집

신아출판사

• 시인의 말

참 많이 기다려왔다.
혼자 가슴앓이하며 지내온 시간
늘 채워지지 않은 그 무엇
너를 만나 힘든 시간을 버텨왔노라고
그래서 조금은 행복했다고
세상에 고백하려 한다.
긴 기다림 끝에
세상의 빛을 볼 수 있게 관심 가져준
모든 분께 감사드리며
내일에 쓸 그리움으로
가슴 뛰게 해준 너에게
고맙다는 말을 하고 싶다.

차례

1부

2부

3부

4부

5부

평설

1부

세월의 틈

두근대는 심장소리
들려오지 않고
설렘의 순간조차
아련한 가슴

그 사랑했던 날들
낯선 거리에 남겨둔 채
어둠 속 서성이는
그대 그림자

계절은 어김없이
다시 돌아와
목마른 영혼을
불러내지만

망각의 옷을 입고
멈춰버린 시간
메꿀 수 없는
세월의 틈.

세월의 틈 2

바람 한 점
쉬어갈 곳 없는
공허한 가슴
세월보다 느린 보폭으로
만삭이 된
그리움을 끌어안고
무디어진 세월의 틈
그 사이로 얼핏얼핏 보이는
가려진 시간 사이
그대와 나만이 아는
집 한 채 짓고 싶다.

세월의 틈 3

시리디시린
내 젊은 날의 길모퉁이를 돌면
어떤 풍경을 만날 수 있을까
지나간 자리마다
떨어져 나간 하얀 살점
그 아픔의 시간이 잘려나가면
상처 입은 영혼
멍든 나의 생애도
세월의 틈 사이로 자라난
봄날 같은 풍경 하나
만날 수 있겠지.

진눈깨비

분통 터질
무슨 곡절이라도 있었든 게야
속 시원히 드러낼 수 없는
복잡한 심사
아주 잠깐만이라도
꺼내어놓고
바람이 부는 대로
흔들리고 싶었던 게야
하루에도 몇 번씩
추스르던 감정
이제 다시는
휘청거리지 않겠노라 다짐하며
견뎌 온 시간이
허공 속 보푸라기로 날리며
서럽게
부서지고 있었던 게야.

진눈깨비 2

지금의 나는
그때의 내가 아니기에
거침없는 네 몸짓에도
아무 상관없이
내 안에 각인된 그대만
기억하려 했는데
거세게 퍼붓는
너의 질타에
침묵 속
꾹꾹 눌렀던 감정
다시 살아나
속 시원히 듣고 싶었던
지루한 사랑의 잠복기
꽁꽁 언 가슴 열고
하늘 끝에서 녹아내리는
아픈 영혼아!

진눈깨비 3

질척거리며 달라붙는
감정의 부스러기
아우성치며
지난 잘못을 묻고 있다
모를 일이다
이미 다 지난 일이 아닌가
케케묵은 먼지 털어내 본들
무슨 소용이란 말인가
지워져 가는 것들에
얼룩은 남기지 말아야지
아주 가버리고 말일이지
지조 없이 찾아와
무얼 추궁하려느냐
때아닌 너의 등장에
갈팡질팡하던 계절도

눈살 찌푸리며
오던 길 되돌아가지 않느냐
너는
뜬금없이 흩날리는 진눈깨비.

감기

그토록 많은 시간을
함께 울고, 웃었던
가슴 속 통증
치유하지 못한 채
멀리 있다는 이유로
아픈 마음 보이기조차 힘들어
지독한 세균 바이러스에
감염되어버린
사랑의 열꽃으로 핀
아픔 때문인지
아무리 쏟아내도
멎지 않는 기침
약국에서도, 병원에서도
처방할 수 없다는 걸 알면서
당신은 모르는 척

가야만 한다고 말을 했지만
내가 가야 할 곳은
그곳이 아닌
당신에게 침투하여
깊이 잠복하는 일.

감기 2

바이러스 감염으로
또다시 찾아온 열병
두 번 다시
경험하고 싶지 않았건만
도둑처럼 숨어들어
보고픔으로 꿈틀거리는
너를 잠재우려
온갖 처방을 해보지만
그럴 때마다
콜록거리는 너를
내 안에 가두려
안간힘 써 봐도
좀처럼 잠들지 않는
정체 모를 넌 도대체 누구.

숨

하루에도 수천 번
문턱이 닳도록 다녀가는
널 향한 내 마음
산다는 것의 의미를
상실했던 지난날
이제
네가 있어
나 살아가야 할 이유인 것을
너는 내 안에 꿈틀대며
나와 함께
호흡할 수 있음이랴
하루의 시작과 끝이
너로 말미암은 것임을
너 역시
내가 있어
숨 쉴 수 있는 이유인 게야.

갈대

애증의 그림자 드리운
마른 강가
뼛속 깊이 스미는
울음소리 들어본 적 있는가
부러지고 싶어도
휘어질 수밖에 없는
땅속 깊은 곳
고통의 소리 들어본 적 있는가
빗물로 머리를 감고
가슴 속 울음 다 비워내도
떠나지 않는
그대 그림자
휘어진 허리
마른기침 삼키며
젖은 시간을
말리고 있다.

소금 인형

가슴에 일던 사랑
불사르지도 못하고
세월의 파도에
휩쓸려간 꿈 한 조각
너의 바다에
조금씩 빠져들던 그땐
헤아릴 수 없었던
내 사랑의 깊이
깊이 잠길 수 없을 바에야
차라리
가슴을 닫아 둘 걸 그랬어
축축이 젖은 세월
뽀송뽀송하게 말릴 수 없었던
눅눅한 시간을
소금기 가득한 눈으로

바라보고 있었지
깊이를 잴 수 없었던
그 바다에 가면
잃어버린 내 사랑
다시 찾을 수 있을는지.

불씨

꺼져가는 작은 불씨
살려내고 싶은
애처로운 눈빛
부는 바람에
남아있던 온기마저
싸늘히 식어버린 심장
한 가닥 불씨로 살아
다시 타오르길 바랐던
목마름
좁힐 수 없었던
세월의 간격만큼
지나쳐 온 거리
한 줌
먼지 되어 날리는
아픈 영혼아!

가슴앓이

내게 마지막 사랑이길
바랐던 사랑도
약속한 세월 속에
자취 없이 사라지고
밤이면
달빛 시린 창가
흉몽의 긴 그림자를 드리우면
아픔으로 누운 베갯머리
흠뻑 적시던
애달픈 영혼
새벽 찬 바람에 깨어나
실 얼음으로 야윈 가슴에
숭숭 구멍을 만든다.

춘설

다시는 못 만날 그리움
눈시울 붉혀 배웅했는데
무슨 미련이 남아
아직 떠나지 못하고 서성이는가
나뭇가지 위
상념으로 쌓인
네 몸보다 무거웠을
마음의 무게
다 털어내지 못한
계절의 끝자락에서
다시 만난
하얀 그리움아
더는
머뭇거리지 말고
가던 길 마저 가려무나

네가
다시 돌아오는 날
뜨거운 가슴으로
널 안으리라.

바위

네 마음 중심에
도장 하나 쿡 찍어 놓고
침묵으로 지켜가는
속 깊은 너를 본다
첫사랑의 애틋함으로
다져온 긴 세월
너도 한때
지루한 날 없었으랴
한발 다가서면
행여 그대에게 짐이 될까 봐
천 년의 기다림으로
우뚝 선 자리
모진 바람에도
네 살을 깎아
사랑의 문신을
새기는구나.

그네

햇살에 달구어진
뜨거움이 싫어
모두 다 떠난 자리
정해진 운명 줄에 묶여
쇠심줄 같은 근성으로
버텨내야만 할 세월
자신의 의지와 상관없이
흔들리며 가야 할 운명
언젠가 다시 온다던
임의 목소리는
아직 다 밀어내지 못한
그네 위에서 흔들리며
세월도 지우지 못한
추억의 그림자를 잡고
지독한 그리움의 줄로
목을 맨다.

폭설

하늘의 계시인가
시린 계절을 견디며
밤새 토해 놓은 장문의 고백서
멀고 먼 약속의 땅
충혈된 눈빛으로 주고받은
무언의 약속
그대와 나의 마음 안에
가둬 둘 수 없는 그리움으로
눈시울 붉히는
저 슬픔의 꽃송이들
눈물로도 지울 수 없는 주홍 글씨
아픔으로 드러누운 자리에
만삭이 된 몸을 추스르고 있다.

장마

끈적거리는 시간의 연속이다
내 영혼의 숨이었던 사랑도
천둥소리에 놀라
번개처럼 금이 가 버렸다
금이 간 시간을 수습해 보지만
속수무책일 뿐이다
햇살 한 줌 뉘일 수 없는 습기 찬 공간
혼자서 되뇌는
마지막이라는 말조차
그 의미를 상실해버린 지금
내 남은 슬픔까지도
저 장맛비에 던져 버리려 한다
망각의 세월 속
소나기 후려치는 막다른 골목길에서
비린내 나는 생선 내장 같은 기억 하나
울컥 쏟아져 나올지도 모를 일이다.

함박눈

지금 창밖엔
축복처럼 탐스러운 꽃눈이 날리고
우리의 꿈도
세상에 뿌려지고 있나니
비난받을 이유도
섣부른 판단은 더더욱 아니었을
이미 오래전부터 하늘이 준비한
예정된 운명은 아니었을지
죄를 모르고 밟고 지나는
하얀 눈길 위
사랑으로 덮어 줄
그대는 백의의 천사
소망의 빛
환한 미소로 안길
눈꽃 같은 그대 내 사람아.

비

다시는 돌아보지 않을 거라고
저 슬픔 같은 빗줄기
수 없이 나를 젖게 했어도
시간이 지나면 또 그렇게 잊고 말아
지나간 시간은 말이 없고
수차례 앓아누운 그 거리를
무심히 밟고 지나는데
또 빗줄기 하나 그어대고 있었어
영화 속 연인처럼
마지막 승부를 건 사랑은 아닐지라도
한 사람을 사랑하는 일이
나의 전부라 느껴져
저 아픔 같은 빗줄기
더는 눈물이 되지 않을 때
바람에 지고 비에 젖었던 기억
다 묻을 수 있겠지.

2부

맨드라미

언제인가부터 엄마의 나이가
잘 기억나지 않았다
내 기억 속
맨드라미 꽃 같은 엄마 얼굴
그 후로 오랫동안
엄마의 나이를 기억하지 못했다
내 나이 마흔아홉
기억 속 엄마의 나이보다
십 년이 지난 후에야
엄마의 나이를 알게 되었다
엄마 나이 일흔일곱
바람 같은 날들 속에서
엄마는 세월의 흔적만
닭 볏처럼 달고 계셨다
오랜만의 친정 나들이

이제 서른아홉의 엄마는 어디에도 없다
장독대 그늘 뒤
맨드라미 주름진 꽃이 된 우리 엄마
울컥 눈물이 난다.

마로니에 공원

비둘기들이 모이를 쪼아 먹는
한가로운 오후의 한낮
참새 두 마리 날아와
마로니에 공원
어느 무명 화가의 작품이 되어 걸렸다
비둘기 발가락에 꽂힌 지푸라기 하나
힘든 시간을 빼내지 못하고
종종거리며 따라다니고 있다
그 아픔을 대신 해줄 수 없듯
벌겋게 부풀어 오른 내 발등의 물집도
나 혼자 터뜨려야 할 쓰라림이겠지
하루의 시간을 견디지 못하고
기어이 터지고 말았다
물 풍선처럼 볼록해진 물집에도
어쩔 수 없이 끌려가던 발목

마로니에 공원 벤치에
하루의 피곤함을 내려 놓는다
어느 영화의 마지막 장면처럼
난데없이 등장한 한 여인
비운의 여주인공이 되어
서럽게 포효하기 시작했다
어떤 작가의 시나리오일까
한낮
낯선 풍경에 놀란 사람들
자리를 털고 일어선다.

고드름

몇 분이 지나면
숨이 끊어질 사형수의 운명처럼
다 드러난 알몸으로
옥상 난간에 매달려
부들부들 떨고 있다
그 모습을 지켜보던
젖은 눈빛 하나
눈부신 햇살에
차마 바라보지 못하고
죄인처럼 고개를 떨구는데
한순간 사라질
잔혹한 운명 앞에
더는 버틸 수 없음인지
하얀 살점 하나
툭 끊어진다.

다래끼

언제부터 난 심술인가
눈 위에 올라앉아
성깔을 부리기 시작했다
뭐가 그리도 못마땅한지
눈을 흘기며 톡톡 쏘아댄다
매년 습관처럼 치렀던
삶의 불만이 눈덩이처럼 커져
나를 찾아온 거겠지
밉지 않은 시선으로 바라보아야 겠다
네 마음을 삭여줄 사람
나밖에 없을 테니까
구태여 따져 묻지는 않으련다
왜 하필 내게로 왔는지
그건 너만의 특권일 테니까
더 곪아 터지기 전에
치료해줘야겠다

불청객 신분으로
잠시 왔다 갈 너이지만.

좀

나태한 삶에 대한
무언의 항변인가
생각이 미치지 못하는 곳
벌떼처럼 몰려와
세상의 양심을 파먹는 좀
비열한 너의 근성에
일침을 가해본다
좀 들지 않는 삶을 위해
게으름으로 녹슨 시간
하루 한나절 뙤약볕에
바싹 말려야겠다.

변비

단단한 고집덩어리
한 발짝도 물러서지 않고
끈적거리는 삶의 잔해
목숨처럼 달라붙어 떨어지지 않는다
가슴까지 차오른 욕망
다 태울 때까지 꺾이지 않는 고집
고독한 시간을 가둬놓고 굳세게 버틴다
버텨야 할 이유라도 있는 게지
더는 채울 수 없기 때문일 거야
시간 속에 녹여야 할 지독한 고독
가슴 깊은 곳까지
다 비워야 할 삶의 찌꺼기.

장염

새벽을 흔들어 깨운
거센 파도가 휘몰아쳐
어지럼증 동반한
구토 증세와 함께
아픈 배를 움켜쥔다

정체 모를 침입자의 공격에
오한으로 드러누워
탈출을 시도하던 그 순간
역겨움을 호소하며
와르르 쏟아져 나온다

끈적거리며 남아 있는
가식과 위선의 잔여물
다 토해내고 싶음인가

둥둥둥 북소리를 울리며
거대한 쓰나미가 덮쳐오고 있다.

새치

이젠 무뎌져야 한다
검은 것 속에 숨은 하얀 유혹에도
다시는 보고 싶지 않다
애써 외면했던 시간
기어이 또 보고 말았지
속을 건드리면
한올 한올 일어서는
정체 모를 환호성
잊어버리자 더 이상은 곤란하다
푹 패인 머릿속 보며다짐했는데
나도 모르게 그만
유혹의 덫에 걸려
하얗게 질려 누워있는 너를
기꺼이 끌어당기고 있었지
지금은 다 잊고 체념해도 좋으련만
버릇처럼 또 너를 뒤적인다.

새치 2

속을 다 보여야 하는 수치심에
울화통이 터져 견딜 수가 없었어
비싼 대가 톡톡히 치른 뒤에야
뾰족이 솟는 자존심
메워갈 수 있었지
부끄러움 드러낸 대책 없는 몰골
촘촘히 이어놓고서야
어리석었던 시간을 꾸짖는다
세월 탓으로 돌리기엔
억울하기만 한 그녀는
불면의 시간 속 죽음의 계곡에서
다시 태어나는 진통을 견디고 있다.

도서관

선잠에 취한 채 비틀거리며
그곳을 향해 가고 있다
길게 늘어선 줄
그 줄을 잇기 위해
힘겨운 시간을 떼어 놓는다
누가 그들을 그곳으로 유인 했는가
삶이 만들어준
짐짝만 한 가방을 둘러메고
도시의 아침이 열리기를
발 동동 구르며
지루함을 견디고 있다
순서 없이 꿰맞춘
습기 찬 기억의 자리
무엇을 보태려고
비는 또 저리 내리고
축축함에 젖게 하는가

그대 등 뒤
도서관 문이 열리고 있다.

라면

무슨 죄를 짓고 태어났기에
모진 고문 당하는가
좋아한다는 이유만으로
많은 이들의 손에 부서져
흔적도 없이 사라지는 너는
세상에 나올 때부터
그리 귀한 신분은 아닌 듯
바싹 마른 몸뚱이 하나
보상받을 수 없는
구부러진 인생
상처뿐인 아픔이어도
뜨거움에 데인
영혼의 소리 들어보리라.

개미

세상에 올 때도
슬프도록 작은 체구
혼자서는 힘들어
떼 지어 한 줄로 붙어 다니지
부지런한 게 생명줄인데
한 걸음이라도 놓치면 끊어질 운명
달음질쳐 보지만
빠져나갈 수 없는 함정
막막함에 기대선
너의 운명 앞에
바싹 다가선 낯선 눈빛
눈에 띄지 말아야 했어.

땡볕

세상을 삼켜버릴 듯한
광기 어린 눈빛
금방이라도 폭발해 버릴 것 같은
불편한 너의 심기에
너를 탓하려 할수록
못 견디게 그리운
그리움의 빗물
미치광이처럼
열기를 뿜어내는 팔월의 한낮
뜨거움에 데인 가슴
소낙비 되어
밤, 낮
함께 울어줄
비, 그대가 그립다.

위기

멈춰버린 듯한 시계
불안한 눈빛으로 바라보며
정지된 시간 속
끝없는 길 위를 달린다
고장 난 시계처럼
시간은 움직이지 않고
안간힘 써 봐도
제자리걸음만 하는
생의 길 위에서
점점 다가오는 공포
천 년처럼 지나는
고통의 시간을
얼마나 더 버텨야
목적지에 도달할 수 있을지
한계에 도달한 위기는

그 길 위에 깔려
질식사하고 있다.

층층나무 꽃

환한 대낮
유월의 햇살 속을 걷다가
층층이 나뭇가지에 달린 꽃눈을 만났다
언제부터 이곳에서
하얀 그리움의 탑을 쌓고 있었던 걸까?
계절마저 잊은 채
푸른 잎사귀마다 얹혀있는 눈꽃 송이
간간이 불어오는 바람에
딸려 온 그대 향기는
기다림의 시간만큼 짙어만 가고
숲 속 깊은 곳에서
들려오는 산 새 소리는
악보 없는 음표를 타고
층층나무 계단을 뛰어오른다.

덕진 채련

천 년의 기다림으로
깊게 뿌리내린 덕진 연못
벙그는 꽃잎마다 번져오는 연 향
떨리는 어깨 받쳐 든
우산 속 흐느끼는 네 영혼의 향기
오므라든 연잎 속 기다림의 시간
동그랗게 말아쥔 손목

어둠 깃든 연지교
그 난간에 기대선 슬픈 눈빛
불빛에 반사된
가느다란 빗줄기의 행렬
눈발처럼 흩뿌려지고 있다.

천년학

전설 속 찾아온
바닷가 낡은 오두막집
그 여인 간 곳 없고
낯선 발자국만 서성입니다
천 년의 기다림으로
파도가 할퀴고 간
아픔의 자리엔
패랭이꽃만 가득합니다
한 번도 본 적 없는
그대를 꿈꾸며
삶과 죽음으로 금 그어진
약속의 땅
사랑의 문신 새긴
한 마리 학이 되어
천년의 세월을
날아오릅니다.

논개

침묵의 언어로 가라앉은
저 강물 위
눈물로도 씻기지 않을
세월의 상처
임의 숨결 더듬는
서러운 물줄기 따라
눈물로 지새운
그리움의 많은 날
열 손가락 붉은 피
아픔으로 누운
촉석루 암벽 아래
의암 바위에 새긴
네 영혼의 꽃
이제야 불러본다
꽃보다 아리따운
네 젊은 날의 이름을.

3부

검은 파도로 굽이치다

조각난 시간 속
바다 위를 떠다니는
녹슨 그리움
오랜 시간 내버려둔
내 마음의 빈집
그리움마저 잊고 살았어도
너를 기억하고 싶은 오늘
검은 파도로 굽이쳐 흐르던
내 영혼의 숨결
너와 나 사이에 그어진
보이지 않는 수평선 끄트머리
섬처럼 외롭게 박힌
명사십리 바다 위를
헤엄쳐 볼까.

화엄사 동백꽃

엄습한 기운이 독버섯처럼
뻗치던 시간을 뒤로 한 채
섬진강 따라나선 꽃길 여행
지랄 맞게도 비를 동반한
바람이 분다
꽃비의 통곡 소리
목맨 풍경으로 걸려있는 화엄사
바람에 지는 동백꽃 그늘 밑
선혈로 붉은 꽃무덤 속
뚝뚝 떨어져 나간 저 살점들
얼마나 큰 슬픔이기에
생살로 목을 매었을까
물기를 머금어 더 붉어진 입술로
차마 고백하지 못한
슬픔의 시를 쓴다.

연꽃, 지다

환한 대낮
분홍빛 속살 드러낸 부끄러움에
가냘픈 몸짓으로 떨리던 너
네 곁을 스쳐 가는
폭군 같은 저 소리, 소리
꿈꾸듯
슬픔이 펄 위를 기어올라
내게로 뻗칠 때도
늪 속에서 허우적대며
지독한 멀미에 시달려도
넌 언제나 꿈을 꾸었지
투명한 물방울로 반영된
네 영혼의 향기 꿈꾸는 아득한 거기
바람 앞의 등불 같은
그런 삶일지라도

잠시 돌아서면 잊힐
그런 슬픔이 되고 싶진 않았어
평생 펄 속에 발 묻어야 할
운명이란 걸 알기에
네 슬픔도 함께 묻었지.

갈대숲에 부는 바람

구멍 난 갯벌 속
생명의 소리 들으며
바스락대는 갈대숲을 걷는다
잃어버린 세월 속
오랜 시간 내버려둔
낡은 그리움 하나
갈대들의 배웅을 받으며
끝없이 이어진 그 길에서
세월이 흘리고 간 이야기를 듣는다
왜 그렇게 살았느냐고
저마다 몸을 흔들어대던
그날은 바람 한 점 불지 않았다
잠들고 싶었던 날보다
바람이 되고 싶었던 날이 더 많았기에
잠들 수 없었던 세월이

갈대숲 사이를 비집고 나와
바람이 되고 싶다고 수군거린다
아득한 세월의 길 위에서
바람이 되고 싶은 그녀는
한 점 바람이 되어
갈대처럼 몸을 흔든다.

월출산

금방이라도 쓰러질 듯
한 발 한 발 디딜 때마다
폴폴 날리는 먼지
때 이른 가을
푸석해진 얼굴로
바스락대는
너의 삶을 본다
끝없는
천왕봉 능선 아래
아찔한 기암괴석
언제부터 너 거기
삶의 버거움 껴안고 살았을까
주저앉지도 못하는 삶
너를 위안 삼아
나의 길 가련다.

석양

언제였던가
사랑의 열병이 가져다준
가슴 가득 피어난 눈물
셀 수 없는 계절이 바뀌어
그리움이 나를 반기던 그 날
섬으로 이어진 외딴 바닷가 언덕
"700년 전의 약속"
커다란 간판이 걸린 보물섬 그 바닷가
작은 섬 나란히 떠 있는
소나무 가지 위 걸린
붉은 태양보다 더 뜨거웠던
사랑의 아픈 기억
하얀 침묵으로 석양을 삼킨 바다
그리움이 꽃으로 핀다.

견훤왕릉의 침묵

한 서린 백제 땅
역사의 숨결 더듬는
황혼 깃든 슬픔의 긴 그림자
말발굽 소리 지나간
아득한 세월을 밟고
이곳 견훤왕릉에도 가을은 깊은데
눈물 꽃으로 핀 배롱나무
풀빛 쓸쓸한 무덤가
깊은 울음 삼키지도 못한 세월
땅속에 묻혀 아무런 말이 없다.

통영 바다에 정박한 사랑

오후의 햇살을 물고
비릿한 바다 위를 날고 있는
갈매기 한 쌍
울음소리를 내며
자꾸만 철석 거리는 그대를
잠재울 수 없어
소용돌이치는 가슴 감싸 안으며
그대이기에
아름다운 배경이 된
비린내 나는 포구에
쉽게 녹슬지 않을
내 사랑을 정박해 둔다.

기린토월

한 계단
또 한 계단을 오르면
금방이라도 잡힐 듯
다가오는 임의 모습
잡히지 않는 꿈처럼
저 언덕 너머엔
넘지 못할 그 무엇이 있어
손 내밀면 닿을 듯한 거리에
내가 있고 그대가 있는데
한 걸음 다가서지 못하고
달빛에 가려진
별빛만큼이나 안타까운 마음
그리움의 언덕을 넘는다.

고란사 은행잎

강줄기를 배회하는
내 젊은 날의 꿈
버리지 못한
부소산 강가
그대가 건네준
노란 은행잎 하나
손가락 사이로 달아날까
두려운 시간 앞에
꿈으로 흩어진
낙화암 아래 강 언덕
고란사 노을빛이 서럽다.

담쟁이

그 어떤 것도
이루지 못할 것은 없나니
담장 너머
목숨처럼 기어오르는 저것들
아득히 먼 그곳
보이지 않는 꿈 찾아
갈증난 가슴을 내민다
넝쿨마다 뻗친 외로움
세상의 벽
그 난간에 기대어
마음의 벽 허무는 담장 아래
세상에 나오지 못한
소망 하나씩 걸어 둔다.

단 하나의 사랑

세월 휘돌아온
바람 같은 인생
어디서 무얼 하다
기다림의 끝에 서 있는가
붙잡고 싶은 계절은
아쉬움의 발자국
콕콕 찍어두고
자꾸만 멀어지는데
꼭 만나야 할 운명이라
되뇌고 싶은
간절한 바람으로
내게 온 사랑아
단 한 번
뜨거운 입맞춤으로
이별해야 할 아픔이어도

진정 후회하지 않을

단 하나의 사랑으로 남아 주렴아.

너와 만나던 날

그날도 오늘처럼 비가 내렸어
시계 초침 소리만큼
더해가는 초조함
땀방울로 얼룩진 화장을
닦아내고 있었지
행여 네 모습 보이지 않을까
아득한 시간을 달려
너와 만나던 날
축복처럼 비가 내렸어
포개진 손바닥 사이로
지나던 짜릿함
기다림의 시간만큼
빗물로 고여 흘러내리고
벅차오르는 영혼의 울림
정지된 시간 속
자꾸만 번져가고 있었지.

첫눈 그대

그대 마음에
선뜻 다가설 수 없었던
그 어떤 이유조차 접어둔 채
망각의 터널 속
세월을 묻고 지내온 날들
그대 가슴에 온전히 흐르지 못해
얼룩진 자국마다 상처로 아픈데
나보다 더 슬퍼 보이던 그대 눈빛
차마 보고 싶다는 말
하지도 못하고 지나쳐온 거리
첫눈이 되어 내게 온 그대가
그저 서럽다.

4부

그대라는 빛

관절 속
뼈마디마다 저린 아픔의 세월
그늘진 삶 어디쯤
그대라는 빛 찾아들까
운명이라는 틀에 끼워둘 수 없는
이름 하나 가둬놓고
그 이름 혹여
부르지 못할 사연으로 남게 될까 봐
안타까운 마음 한쪽
조바심으로 애태우는 기다림
몇 번의 계절을 거슬러
그대 그림자 가까워질까
하고많은 날
보고픔으로 지샌 그리움의 통증
얼마나 더 기다려야
그대 내게 올까.

상처

그리 오래되지 않은 상처
머물 자리를 찾다
땅바닥에 털썩 주저앉는다
얼마나 쓰리고 아플까
마구 뿌려지는 저것들
내 서러운 생 위
쓰러져 운다.
세상이 온통 소금밭이다
짠 소금물이다
축축이 젖은 세월
소금기 가득한 눈밭
이젠
그 아픔의 시간을 말리고 싶다.

낡은 기억 하나

눈뜬장님이 되어
앞을 볼 수 없었던
암담했던 그때
낯선 도시
옛 건물 마당 한 모퉁이
퀭한 눈빛으로
삶의 눅눅함을 말리던 여자
수렁에 갇혀 있었던
삶의 궁상들
매몰차게 문밖으로
끌어내던 그 날
보이지 않았던 현실
그녀의 눈앞에
실체를 드러내며
고층 베란다 빨랫줄에 걸린

낡은 기억 하나
끄집어낸다.

바람이 머물다 간 자리

생이 안겨 준
이 깊은 상실
그 느낌이 서러워
왈칵 눈물이 쏟아진다
증명할 수 없는
불투명한 시간을
삼켜 버려야 하는 아픔에
가슴이 무너진다
지나온 날의 그림자를 지우면
무엇이 남을까
바람이 머물다 간 자리
멍으로 남은 흉터
덧난 상처로 말미암아
더는 후유증이 없기를
수습하고 돌아오는 그 길 위에
또 바람이 분다.

추억

창문을 흔들어대는 건
더 건드려 보려는 속셈인 게지
아직도 눈물 바람이냐고
빈정대고 싶었던 게지
그러거나, 말거나
습관처럼 너를 찾아 나선
그리움 하나
쓸쓸히 안부를 묻는
추억만 뎅그러니 남겨놓고
이제 떠나는 것인가
세월 어디쯤 다시 만나
추억이란 이름으로 잊고 살까.

인연의 끝

살갗 속
먹물로 번져가는
심연의 골짜기
아파도 아픈 줄 모르고
서로에게 상처만 주는
인연의 끝은 어디일까
서로 마주 보며 아파하는 것보다
죽을 만큼 힘든 이별이라도
조금씩 잊히는 게
차라리 더 나을지 몰라.

별이 지다

인연이 된 그 날부터
사랑하고, 또 사랑하면서
계절의 흔들림에도
자신의 본분을 잊지 않던 별
이 밤
그 별이 지고 있다
수습할 시간도 없이
아픈 가슴을 남기고
내 사랑이 울고 있다
간밤
무슨 일이 있었던 걸까
아침이 오면 더 분명해지리
너의 빈자리.

비와 그리움

세상을 삼킬듯한
시끄러운 빗줄기의 행렬
젖은 하루를 마감하는
고단한 생 위
빗줄기로 와 닿는 그대
비켜간 인연
닿지 못하는 마음처럼
관객 없는 객석
대형 스크린에 비친
흐릿한 영상 속
아른거리는 얼굴 하나
잠시 그대였다가, 또 나였다가.

비 오는 날의 연가

하루가 천 년 같은
긴 기다림의 시간
끊임없이 타오르는
그대 향한 열정
빗줄기 속
깊이 스며들고
그대인지, 나인지 모를
빗줄기 하나
아픈 마음에 줄을 그으며
달려오는데
나를 잊은 그대에게 보내는
비 오는 날의 연가
그리움의 행간을 넘어
그대 마음에 닿을 수 있을지.

아버지의 입관

얼어붙은 심장
주위를 둘러싼 공포
감긴 눈 뜨시며
금방이라도 일어나
내 이름을 부를 것만 같은데
깊은 잠에 취해
꿈을 꾸시는지
하늘 향해
아무 말도 없으신 당신
천국 문 그리워
하고 싶은 말 가슴에 묻고
서둘러 가셨을까
믿을 수 없는 현실에
난 숨조차 쉴 수가 없는데
이유도 모른 채

보내드릴 수밖에 없기에
미어지는 가슴
주체할 수 없는 설움
검은 눈물로 얼룩지네.

담배

태어나면서부터
죽기를 각오한 삶
그대 손끝에서 심장으로
옮아붙은 생명의 불꽃
짧은 입맞춤으로
마감해야 할
마지막 생애
그 뜨거운 몸부림
이 한목숨
남김없이 바짝 태워
지친 그대 영혼의
꺼지지 않는
생명의 등불이 되리.

양파

너를 느낄수록
네 독한 향기에 취해
눈물을 흘리게 돼
따가운 너의 눈총
그것마저 너만의 매력이라
흐르는 눈물 닦아내며
아직 다 읽어내지 못한
너의 속내 들춰보는데
너를 만질수록
눈물만 쏙 빼놓는 뒤틀린 심사
도통 알 길이 없다.

군고구마

느닷없이 네 생각이 났어
입안에선 군침이 돌고
너를 탐하고 싶은 마음에
캄캄한 세상 속 너를 밀어 넣었지
까맣게 타들어 가는 너의 살 냄새
운명이 너무 가혹하지 않으냐고
애원의 눈빛을 보냈어
죽고, 사는 것이 뭐 그리 대단하겠어
죽어야 사는 운명이라면
불 속에 던져진 네 영혼의 향기
내 안의 불씨로 살아
영원히 함께할 텐데.

모기들의 반란

세상에 올 때 그들과 나
아무런 원한도 없었건만
태어날 때부터
악연일 수밖에 없었던 건지
괴성을 지르며 덤벼드는
검은 무리의 반란
타협할 수 없는
일그러진 표정으로
핏자국 남기고 떠나야 할
그들의 운명이지만
동정할 수 없는 짧은 생애
지켜볼 수밖에 없는
이 마음도 편치는 않다.

노인과 열대어

절뚝거리는 다리를 끌고
열대어를 가지고 온 노인
페트병을 잘라
알칼리이온수를 부어
그들의 바다를 만들었다
알록달록한 빛깔로
꼬리를 흔들며
소라껍데기 속 숨어
숨바꼭질을 한다.
그들만의 세상에서
그들이 꿈꾸는 낙원
삶의 피곤함이 묻어나는
노인의 얼굴도
작고 귀여운 것들의 재롱에
어린아이의 눈빛이 된다
침묵으로 주고받는

비밀스러운 그들의 이야기에
바다가 술렁이고 있다.

월남 쌈

한 여인을 유혹한 죄로
만신창이가 되어버린 너
모양새가 말이 아니다
체면은 접시 위에 구겨져
애꿎은 채소와 고기만 둘둘 마는데
꽤 많은 시간
어설픈 웃음만 흘리는 내게
무슨 말이 하고 팠을까
입안에 씹혀 소리를 낼 때도
웃겨 죽겠노라고
자꾸만 키득거린다
웃음거리로 남은
월남 쌈의 알싸한 그 맛
그 후로 오랫동안
상큼한 소스처럼 입안에 고여
아삭거리는 소리를 낸다.

5부

살기 위하여 혹은, 죽기 위하여

살기 위하여
혹은, 죽기 위하여
알약 두 알을 입안으로 털어 넣는다
생각에 취해서인지
아님, 약에 취해서인지
몽롱해진 의식은
깊고 깊은
잠 속으로 빠져든다.
살기 위하여
혹은, 죽기 위하여
무엇을 우선순위에 두어야 할까
다만, 난
내가 모르는 그곳으로
너를 유인하라는
뇌의 명령을 받았을 뿐이다.

다시 살아야 할 이유

나 아닌 척 웃고 있지만
그래도 가슴이 아픈 건
아직도 비워내지 못한
슬픔이 남은 까닭이다
지금껏 살아오는 동안
행복이라 여기며 살아왔는데
세상은 이제 내가 싫어졌나 보다
얼마나 더 아픔을 견뎌야 할지
그 어떤 무엇도 위로가 되지 않는다
오직 나 혼자 풀어가야 할
삶의 방정식일 뿐
그 속에서 난 또 성숙한 여인으로
다시 태어나겠지
그러다 다시 살아야 할 이유하나
찾게 될지도 모르겠다.

존재한다는 것

'산다는 것은 속으로 조용히 울고 있는 거'라 했던가
살아간다는 것은 죽음을 향해 걸어가는 것
삶과 죽음의 경계에서 서성이는 것
잠은 곧 죽음이고, 잠 깨면 살아 있는 것
존재한다는 것만으로도 충분하지 않는가
인생에 정답은 없는 것처럼
온 힘을 다해 살아내지 않더라도
죽음은 늘 우리 곁에 존재하는 것
세상을 좀 더 느낄 수 있음에
혼자 서럽다 눈물짓지 말라
때론, 어둠뿐인 삶일지라도
햇살은 또 가야 할 길 밝혀주리니
세상에 존재한다는 것만으로도
얼마나 가슴 벅찬 말인가.

양심선언

나의 이기심으로
네 영혼을 훔쳐
내 안에 너를 심었지
체질에 맞지 않는
알레르기 증상처럼
툭툭 불거지는 양심만
아프게 쪼아대고 있었어
그게 시작이었어
비로소 눈 뜬 세상 밖
진정 내가 원했던
또 다른 나를 만난 건.

은행잎

몸 부대끼며
매달려 있어도
그대 없는 빈자리
외롭긴 마찬가지지
계절 따라
가야만 할 운명 앞에
아닌 척 시치미 떼 봐도
기약 없이 떠나버린
그날의 그대처럼
너 또한
내 안에 상처로 남아
짓무른 가슴 훔치던
노란 손수건 하나
문신처럼 달고
지울 수 없는 이름 석 자
되뇌고 있겠지.

해바라기

언제였던가
보이지 않는 운명 줄로 묶인
그대와의 인연
그대를 사랑한 죄
세월은 잠시 그대와 나를
멀어지게 만들었지만
내 안에 여물어가는
사랑의 씨앗
기다림으로 키워온
애틋한 세월
숨 멎는 그 날까지
키 큰 그리움으로 자라날
노란빛 영혼이어라.

동백꽃

긴긴날
죄인처럼 가슴에 단 주홍글씨
아프고 아파
속 울음 삼키며 피워낸 사랑
끝내
붉어진 두 눈
눈물로 엉겨 붙은 핏빛 그리움
거친 바람의 눈 흘김
그 잔인한 횡포에
목놓아 운다.

꽃잎

야속한 세월
속으로만 삼킨 울음
얼마나 그리웠으면
빛깔이 저리 고울까
꽃망울 속에 잠든
잎사귀의 꿈
봄 햇살 받아
한 잎 가슴을 연다.

수줍게 달아오른
발그레한 뺨
화장으로 덧칠하는
가슴 떨림
임이라 부를 수 없는
타인으로 오셔도
그대 안에 피어나는

한 잎 어여쁜
꽃이 되고 싶어라.

국화차

찻잔에 잠겨
몇 번의 시간을 우려내고도
다 털어버리지 못한
고뇌의 숨결
번져가는 차 향
사색에 잠긴
시인의 품에 안겨
시간이 깊어갈수록
짙어만 가는데
투명한 주전자 속
매혹스러운 빛깔
물빛 그림자 드리운
그 고운 자태
마른 입술에
촉촉이 젖는

네 영혼의 향기
노랗게 되살아나고 있다.

봄날의 휴가

버스정류장처럼 이어진
삶의 궤도에서
고단한 시간을 끌고
세월의 근심으로 덧댄
일그러진 일상을 뒤로 한 채
내 젊은 날 동화 속 배경이었던
고향 집을 찾아가던 날
그리운 강아지
꼬리 치며 달려 나오고
인적 드문 외딴 시골집 과수원
장독대 옆 화단
외할머니 닮은 할미꽃
전설처럼 슬픈 몸짓으로
백색 머리칼 날리는 봄날
덤으로 얻은 휴가

다 잊어도 좋을 그리움으로
더는 몸살 앓지 않기를.

함수화

닫힌 생각 틈으로
새어드는 바람
갈 곳 모르는
단단한 껍질 속
암울했던 시간 벗으며
툭, 툭 터지는 상념
보송보송한 솜털
연둣빛 고운 살결
가슴에 돋아난
은빛 날개
새롭게 눈 뜬 세상
벅찬 설렘으로
날아오르는
맑은 영혼의 향기.

낙화

그날이 언제였던가
맑은 영혼의 숨결로
내 안에 숨 쉬던 사랑
그땐 정말 몰랐지
너에게 빠져들던 순간
운명이라 여기며
한목숨
너만을 사랑하리라 맹세했지
영원할 거라 믿었는데
이별 없는 세상에서
그렇게 머물러주길 원했었건만
현기증 일던 봄날 오후
꽃비가 되어
세상에 뿌려지던 너
그때야 깨달았어
이별이란 걸.

● 평설

정채精彩있는 생애의 시들지 않는 감성적 소녀성

– 김미애 시인의 시, 아름다운 사랑이 압화押花로 영원에 머물다

소재호
(시인, 문학평론가, 석정문학관 관장)

김미애 시인은 그의 생애, 살뜰한 페이지마다 압화押花의 작품을 품고 살아간다.

세월과 세월 사이, 계절과 계절의 간극間隙, 의식과 무의식의 틈, 또는 인생 행장의 마디마디에 끼워 놓은 정채精彩를 고스란히 그 빛바래지 않게 여미고 살아간다.

인생행로 중에 가장 정채 있는 부분은 가장 의의 있는 지점이요, 가장 설레는 대목이요, 소중하기 이를데 없는 찬연한 의미이기도 하다.

가령, 짙은 향수의 추억들, 뜨겁던 사랑의 별곡別曲들, 아니 눈물 펑펑 쏟던 통절한 슬픔까지 이 모두가 정채 있는 항목 들이다.

김 시인은 '틈'이란 어휘를 자주 부려 쓴다.

언뜻 스치고 지나감직한 섬세한 시공의 찰라 이지만 이는 또한 영원성을 담지擔持하는 역설적 표현이기도 하다. 압화는 펄펄 생명을 나부끼던 시절을 그대로 끌어다 책갈피에 짓눌러 놓은 지난 적 형용을 표상하는 표집된 꽃의 정채이다. 김시인이 끌어다 압화를 만들어서 언제나 다시 꺼내 음미하고 반추하는 생생한 자기 인식이다. 압화는 아직도 자기 향기를 잃지 않으며 자기 색깔을 변색치 않으며 다시 자기의 진중한 의미를 퇴색시키지 않는 그 정채에 그대로 머물음이다.

그러므로 압화는 영원한 숨결의 생명체이다.

그러므로 압화는 언제나 시적 정서로 생동하는 시인 자신의 제2의 자아이다.

떠났지만 떠나보내지 아니한 이별은 재회를 다짐하는 오히려 생생한 출렁거림의 강물이다.

손 흔들어 송별한 과거의 사랑은 도도한 강물처럼 정지가 아닌 연속적 상황이다.

사랑의 잔상은 언제나 재생되는 필름의 오버랩이다.

그리움은 먼데서 카메라를 끌어와 눈 앞에 실감으로 배치한다.

김시인은 40대 변곡점에 서서도 아직 젊음의 한복판에서 사랑을 끙끙 앓는 중이다.

그래서 이런 정경을 읊는 시는 연두빛 목숨의 파란波瀾이다.

그의 그리움을 따라 가노라면 어느새 독자들도 그의 의표에 함몰된다. 그의 그리움은 실감의 재생이거나 확대이다.

독자들은 그의 그리움으로 전이되어 자신의 그리움을 환상한다. 그러니까 좋은 시의 효용성이 그대로 들어난 셈이다.

문학에서 '실감의 보수'와 '실감의 유리'라는 두 가지 관점에서 설명하는 학자가 있었다.

'보수'란 더 보태어 기워 넣는다는 의미이고 '유리'란 아예 그 실감에서 떠남을 일컫는다.

꼭 짚어 김시인의 시를 이거다 하고 이름 지을수는 없으되 그러나 '실감의 승화'라는 점에서 김시인의 시를 높게 평할 수 있을 것이다.

만져지는 물상을 만지는 정도에서만 한정하지 않고 더 확대되는 이미지화를 꾀한다는 뜻이다.

개념이나 정서가 구체적 사물로 형용되고 관념적 사상事象이 변용의 과정을 거쳐 돌올한 상징으로 몸 바꾸는 바, 이들을 일컬어 가히 형상화라 이른다.

사실 김시인은 널리 알려진 시인은 아니다. 그러므로 신진인 셈인데 시에서는 능란한 필력을 휘둘러 재주를 펴는 것이니 이에 감동을 금하지 못할 것이다.

한편 김시인의 시에서는 서정성이 이미지화를 거치면서 강한 회화적 요소를 배치한다.

'시는 말하는 그림이고, 그림은 말없는 시'이다. 라는 주장이 있는데 인생 행장이 거느려오는 모든 정한은 회화성에 의탁하면서 형상화된다.

이는 그 수법면에서 탁월한 시적 테크닉에 다름 아니다. 공감각적共感覺的으로 시의 형모가 구조되는데 시의 의미와 외연적 형상이 등가적으로 융합한다.

구태어 의미를 캐낼 필요도 없으며 그렇다고 외형의 아우라만을 따로 분리하여 음미할 이유도 없다.

그러니까 구조주의적으로 개체들이 유기적으로 전체에 합융하면서 '초과 실감'을 형용해 낸다.

시를 건축물에 비교하듯이 온갖 질료들은 그 본래의 속성을 떠나 본질에 선행하여 존재한다는 실존주의적 개념으로 시를 운위한다.

말하자면 표현하려는 물상은 변형된 다른 사물로 나타나며 궁극적으로 이는 상징화된 시의 이상태이라고 일컬을 수 있을 터이다. 이제 시 몇 편을 골라 감상해 보고자 한다.

관절 속
뼈마디마다 저린 아픔의 세월
그늘진 삶 어디쯤
그대라는 빛 찾아들까
운명이라는 틀에 끼워둘 수 없는
이름 하나 가둬놓고
그 이름 혹여
부르지 못할 사연으로 남게 될까 봐
안타까운 마음 한쪽

조바심으로 애태우는 기다림
몇 번의 계절을 거슬러
그대 그림자 가까워질까
하고많은 날
보고픔으로 지샌 그리움의 통증
얼마나 더 기다려야
그대 내게 올까.

—「그대라는 빛」 전문

정신적 고통은 육체적 고통으로 환치된다.

영육의 경계를 넘나들며 '그대라는 빛'은 형영螢影한다.

빛은 내 절대의 '그리움'이다.

뼈마디마다 저린 아픔의 세월 그 간극마다 빛과 어둠의 틈, 실존적 삶과 개념적 운명의 사이, 또는 시대적 변용의 계절들 그 매듭과 매듭의 사이, 그대라는 그리움은 영활靈活한다.

빛이며 그림자이며, 조바심이며 애태움이며, 내 사념의 전체 범주로 그대는 나의 '아픔'이다.

그대가 오시며 거느려 오는 그림자까지 그대의 잔영 그대의 미세한 흔적까지 모두 내 기다림의 우듬지에 정좌定座한 그대라는 빛이다.

시가 한참이나 숙성되어있다.

닫힌 생각 틈으로
새어드는 바람
갈 곳 모르는
단단한 껍질 속
암울했던 시간 벗으며
툭, 툭 터지는 상념
보송보송한 솜털
연둣빛 고운 살결
가슴에 돋아난
은빛 날개
새롭게 눈 뜬 세상
벅찬 설렘으로
날아오르는
맑은 영혼의 향기.

—「함수화」 전문

신비한 생명은 맑은 영혼을 품는다.

그 영혼은 아름다운 향기까지 여민다.

그러므로 저 신비한 생명이 온존하기 위한 조건들은 엄중한 형상을 갖춘다.

닫힌 생각의 아조아조 작은 틈새로 처음 가냘픈 바

람이 들고 철저히 압제된 껍질 속에서 그 껍질 도타운 암울의 시간을 벗으며 툭 터지는 상념-그것은 세상의 열림이다.

이제 움터 한 세기를 여는 지난한 몸부림이 경건하다.

보송한 솜털이 외양을 두르고 연둣빛 고운 살결이 아름답게 형과 태를 구조한다.

가슴에서는 은빛 날개가 솟고 그리고는 어떤 지엄한 자의 계시처럼 신비한 세상이 눈을 뜨는 것이다.

이 개명開明은 무명無明을 쫓으며 향그러운 영혼을 빚는다.

이 시는 경건한 영성靈性을 띤다.

매우 흡족한 시상詩想이다.

버스정류장처럼 이어진
삶의 궤도에서
고단한 시간을 끌고
세월의 근심으로 덧댄
일그러진 일상을 뒤로 한 채
내 젊은 날 동화 속 배경이었던
고향 집을 찾아가던 날
그리운 강아지

꼬리 치며 달려 나오고
인적 드문 외딴 시골집 과수원
장독대 옆 화단
외할머니 닮은 할미꽃
전설처럼 슬픈 몸짓으로
백색 머리칼 날리는 봄날
덤으로 얻은 휴가
다 잊어도 좋을 그리움으로
더는 몸살 앓지 않기를.

—「봄날의 휴가」 전문

고단한 삶과 근심으로 일그러진 일상은 현재 시제이고 '휴가'라는 절묘한 '틈'을 파고들어 옛날 추억의 압화押花를 끌어내 향수를 경건히 영접한다.

그 씬은 젊은 날의 동화 속 배경이다.

클로즈업되는 영상들은 저 지난 적 추억의 질료들이다.

강아지, 과수원, 장독대, 할미꽃, 그리고 맑고 고운 수채화처럼 둘러친 고향 산천과 그 가운데 시골 초가집...... 가히 암울한 영혼을 달래기에는 안성맞춤의 정경들이다.

외할머니는 계시지 않지만 그 인자하신 외할머니

를 연상하기에 족한 할미꽃이 하얀 머리칼을 바람결에 날린다.

때는 봄, 만상이 생명의 환희를 부르짖을 즈음, 나 주인공은 그 동화의 세계로 다시 환귀한다.

시적 자아는 시간을 거꾸로 회귀하면서 시상을 전개해 간다. 현재의 고단함과 과거의 감미로움이 대칭되는 입체 시각의 구성이 매우 돋보이는 시이다.

'산다는 것은 속으로 조용히 울고 있는 거'라 했던 가
살아간다는 것은 죽음을 향해 걸어가는 것
삶과 죽음의 경계에서 서성이는 것
잠은 곧 죽음이고, 잠 깨면 살아 있는 것
존재한다는 것만으로도 충분하지 않는 가
인생에 정답은 없는 것처럼
온 힘을 다해 살아내지 않더라도
죽음은 늘 우리 곁에 존재하는 것
세상을 좀 더 느낄 수 있음에
혼자 서럽다 눈물짓지 말라
때론, 어둠뿐인 삶일지라도
햇살은 또 가야 할 길 밝혀 주리니
세상에 존재한다는 것만으로도
얼마나 가슴 벅찬 말인가.

—「존재한다는 것」 전문

신경림 시인의 「갈대」를 인용하였다. 이 시는 인생의 노숙한 경지를 읊는다. 인생, 그 살아 있음으로도 존귀하다는 화두를 내걸고 자못 철리哲理를 이끌어가는 양이 나이 지긋한 철학자의 사념이다.

인간이란 '존재는 본질에 선행한다.'는 실존주의적 명료한 정의가 웅변적으로 설파된다.

서정주 시인의 '마흔 다섯'이란 시에서 '귀신이 보이는 나이'라 일렀다.

이 사십대를 벗으며 지천명知天命으로 오르는 때가 인생의 반전기이다.

대개는 이 즈음에 부모님도 돌아가시고 지금까지 고이 다둑여 두었던 가치관도 변형될 때이다.

왈칵 허무라는 놈이 뇌리에 똬리를 틀기도 하거니와 무성하던 온갖 소유욕도 식어갈 때이다.

사실은 이때에 진정한 철이 들고 주변을 휘휘 둘러보기도 한다. 서운케 헤어졌던 옛 친구를 불러내기도 하고 들길에서 만난 하찮은 들꽃에게 시선을 주기도 한다.

이 시에서 벌써 '죽음'이란 어휘가 망설임 없이 등

장한다.

무상감이 회오리바람처럼 일어난다.

그런다 해도 어둠을 밀어내며 햇살이 드리우니 미래를 열어 가야한다고 톤을 바꾼다.

'세상에 존재한다.'는 점 하나만으로도 가치 있고 위대하고 가슴 벅찬 일이라고 결말을 맺는다.

명상적 주지시의 맥에 통한다.

그들의 바다를 만들었다
알록달록한 빛깔로
꼬리를 흔들며
소라껍데기 속 숨어
숨바꼭질을 한다.
그들만의 세상에서
그들이 꿈꾸는 낙원
삶의 피곤함이 묻어나는
노인의 얼굴도
작고 귀여운 것들의 재롱에
어린아이의 눈빛이 된다
침묵으로 주고받는
비밀스러운 그들의 이야기에
바다가 술렁이고 있다.

―「노인과 열대어」 일부분

작은 패트병에 열대어를 담아 팔고 있는 노인의 생활을 서사적으로 표현했다.

노인의 삶은 암울하고 피곤하지만 그가 만든 열대어의 용기用器는 작은 하나의 '바다'이다. 열대어가 살아가는 생의 터전이다.

노인과 열대어 사이는 엄청난 간극이 있다.

노인은 전락과 쇠락으로 잦아들어 인생의 황혼 길에 접어드는데 한편 열대어들은 활기찬 생을 연출하고 있음으로서 이에 상호 대칭한다.

그리고 마침내 노인의 눈빛이 열대어들의 생동함에 동화되어 상승의 효과를 빚는다. 이때에 '비밀스러운 그들의 이야기에 바다가 술렁이고 있다.'고 했다.

노인과 열대어의 합작으로 작은 물 한 컵의 용량이 거대한 대양으로 치환되는 형국을 만들어 내었으니 이 얼마나 시적 비약이 심대한가.

그러므로 이 시는 그 결기가 충만하다.

언제인가부터 엄마의 나이가
잘 기억나지 않았다

내 기억 속
맨드라미 꽃 같은 엄마 얼굴
그 후로 오랫동안
엄마의 나이를 기억하지 못했다
내 나이 마흔아홉
기억 속 엄마의 나이보다
십 년이 지난 후에야
엄마의 나이를 알게 되었다
엄마 나이 일흔일곱
바람 같은 날들 속에서
엄마는 세월의 흔적만
닭 볏처럼 달고 계셨다
오랜만의 친정 나들이
이제 서른아홉의 엄마는 어디에도 없다
장독대 그늘 뒤
맨드라미 주름진 꽃이 된 우리 엄마
울컥 눈물이 난다.

—「맨드라미」 전문

엄마는 맨드라미를 매개로 하여 연상된다.

시는 연상과 상상 작용의 결과물이라는 논리에 적합한 시이다. 엄마는 만고에 절대 유일한 모성이다.

이 모성은 인류의 문화를 육성하고 예술을 배양하며 인간을 가장 인간되게 하는 자양분이다.

도덕 윤리의 본 바탕이 어머니의 모성이다.

어머니를 많이 그리워하는 사람은 가장 선량하다.

가령 어머니의 사랑은 어떤 자애로운 신보다 상위에 존재한다는 주장도 타당하다는 논법이 성립된다고 본다.

'엄마는 세월의 흔적만 닭 볏처럼 달고 계셨다.'는 시구는 시의 결기를 세우는 절창이다.

끈적거리는 시간의 연속이다
내 영혼의 숨이었던 사랑도
천둥소리에 놀라
번개처럼 금이 가 버렸다
금이 간 시간을 수습해 보지만
속수무책일 뿐이다
햇살 한 줌 뉘일 수 없는 습기 찬 공간
혼자서 되뇌는
마지막이라는 말조차
그 의미를 상실해버린 지금
내 남은 슬픔까지도
저 장맛비에 던져 버리려 한다
망각의 세월 속
소나기 후려치는 막다른 골목길에서
비린내 나는 생선 내장 같은 기억 하나

울컥 쏟아져 나올지도 모를 일이다.

—「장마」 전문

장마는 내 고운 영혼과 그 영혼 속에 가다듬던 아름다운 사랑까지 함몰시킨다고 시인은 생각했다.

장맛비는 천둥 번개를 동반하며 잠재해 있던 아름다운 추억이라든지 과거의 모든 사상事象이나 모든 정한을 통째로 묻어 버린다. 과거에서 현재까지 이어지던 사념이나 사유思惟마저도 폐쇄시키는 저 광란의 이변이 김시인에게 절애絕崖의 고독으로 휩싸이게 한다.

'마지막 말' '남은 슬픔'까지 망각의 물여울에 던져 버리려는 결의가 너무나 애절하다.

문제는 내 비감한 운명과 지루하게 쏟아지는 장맛비가 그 타이밍을 함께 함에 있는 것이다.

만약에 비 오는 시각에 사랑이 맺어진다면 그 비는 아름다운 시공의 배경이 될 터이지만 임을 잃고 그리움마저 쇠락하고 삭아질 때에 오는 비는 저 비감한 심정을 배가시키리라.

장맛비는 상실과 절망과 단절의 이미지로 매우 적

절히 형상화한다.

지금의 나는
그때의 내가 아니기에
거침없는 네 몸짓에도
아무 상관없이
내 안에 각인된 그대만
기억하려 했는데
거세게 퍼붓는
너의 질타에
침묵 속
꾹꾹 눌렀던 감정
다시 살아나
속 시원히 듣고 싶었던
지루한 사랑의 잠복기
꽁꽁 언 가슴 열고
하늘 끝에서 녹아내리는
아픈 영혼아!

—「진눈깨비 2」 전문

다시는 못 만날 그리움
눈시울 붉혀 배웅했는데
무슨 미련이 남아
아직 떠나지 못하고 서성이는가

나뭇가지 위
상념으로 쌓인
네 몸보다 무거웠을
마음의 무게
다 털어내지 못한
계절의 끝자락에서
다시 만난
하얀 그리움아
더는
머뭇거리지 말고
가던 길 마저 가려무나
네가
다시 돌아오는 날
뜨거운 가슴으로
널 안으리라.

—「춘설」 전문

「진눈깨비」와 「춘설」을 연첩시킨다.

함께 눈을 매개로 하며 눈이 오는 정경으로 질료를 삼아 사랑과 그리움을 형상화한다.

가물가물 잊혀져가는 사랑을, 또는 영혼의 깊은 호심湖深에 침잠한 그리움을 저 눈발이 깨워내는 형용이 비슷하기 때문이다.

그러면서도 이 두 편이 모두 시적 결기가 충족되어

매우 빼어난 시적 구조를 갖추었음을 그 연유로 댄다.

차가운 눈발이 오히려 따뜻한 정리를 일으키고 사랑의 온기를 들춰내는 패러독스가 매우 절묘하다.

이미 이별로 종료된 상황 위에 눈발이 선연善緣을 이어붙이는 경이적 현상이 재현된다.

눈 그 자체가 그리움이며, 사랑이며, 또는 잔재로 숨겨 놓았던 지난 적의 열애인 것이다.

떠남을 인정하지 않는 자기모순으로 하얗고 신령스러운 눈을 마음으로 영접하는 것이다.

두근대는 심장소리
들려오지 않고
설렘의 순간조차
아련한 가슴

그 사랑했던 날들
낯선 거리에 남겨둔 채
어둠 속 서성이는
그대 그림자

계절은 어김없이
다시 돌아와

목마른 영혼을
불러내지만

망각의 옷을 입고
멈춰버린 시간
메꿀 수 없는
세월의 틈.

―「세월의 틈」 전문

시가 세련되고 문장은 물 흐르듯 매끄럽다.

사랑하던 시절은 가고 허망한 심경에 젖는다.

세월의 틈은 반전의 변곡점이다.

시공이 그대로 정서를 담아내는 형상이다.

'망각의 옷을 입고 멈춰버린 시간' '메꿀 수 없는 세월의 틈' '사랑했던 날들 낯선 거리에 남겨둔 채' '계절이 목마른 영혼을 불러' 등등은 공감각적 테크닉이 절묘하다.

시간을 공간화, 공간을 시간화 하는 표현 기교가 빼어나다.

애증의 그림자 드리운

마른 강가
뼛속 깊이 스미는
울음소리 들어본 적 있는 가
부러지고 싶어도
휘어질 수밖에 없는
땅속 깊은 곳
고통의 소리 들어본 적 있는 가
빗물로 머리를 감고
가슴 속 울음 다 비워내도
떠나지 않는
그대 그림자
휘어진 허리
마른기침 삼키며
젖은 시간을
말리고 있다.

—「갈대」 전문

갈대는 철저히 의인화된다.

갈대는 바람에 이리저리 흔들리고 바람 앞에 굴종하는 속성으로 인해 굳은 의지를 곧추세우는 영웅적 자질의 인간으로 비유되지 않는다.

말하자면 타의에 운명을 내맡기는 종속 개념의 미약한 인간형으로 의탁된다.

이 시에서도 어쩔 수 없이 사랑하는 사람에게 이별당하고 (또는 배신당하고) 홀로 서러움에 뼛속이 아린 존재이다.

종속 변인으로만 한 생애가 굽이치는 갈대는 결국 시인에게 재귀되는 운명성으로 연유하여 마냥 울어야만 한다.

떠난 자에게 아직도 단념이 어려운 얄미운 인연으로 허리는 휘어지고 마른기침을 삼키며 얄궂은 시간을 뒤척이는 중이다.

시의 제재가 늘 삼차원으로 변용되는 점에서 시적 재능이 탁월하다.

그날도 오늘처럼 비가 내렸어
시계 초침 소리만큼
더해가는 초조함
땀방울로 얼룩진 화장을
닦아내고 있었지
행여 네 모습 보이지 않을까
아득한 시간을 달려
너와 만나던 날
축복처럼 비가 내렸어

포개진 손바닥 사이로
지나던 짜릿함
기다림의 시간만큼
빗물로 고여 흘러내리고
벅차오르는 영혼의 울림
정지된 시간 속
자꾸만 번져가고 있었지.

—「너와 만나던 날」 전문

'장맛비'에서 단절과 절망을 느끼며 폐쇄적인 이미지를 형상한 시가 있었는데, 반해서 여기서는 비가 축복의 조짐으로 또는 반가운 해후의 예감으로 연출된다.

언제나 좋은 일이 있을 성 싶게 비는 축복의 메신저로 등장한다. 그날도, 오늘도 비가 오므로 결국 너를 만나게 된다는 상정이 시의 도입부를 구조한다.

빗물이 고여 흘러내림이 곧 '벅차오르는 영혼의 울림' 이라고도 했다.

비는 그러니까 무대 위를 어거하고 배정하는 연출가의 역할을 하고 있는 것이다.

배경이 되기도 하지만 비가 스스로 축복의 메세지가 되는 것이다. 시가 날렵하며 경쾌하다.

사랑하는 사람을 만나리라는 설렘이 바로 빗줄기로 형상화한다.

김미애 시인의 시는 과거도 현재 실감과 병존하거나 병치한다. 모두에 압화란 어휘로 시간의 머물음을 표상했지만 과거의 아름다운 경험이 현재를 의미 있고 기름지게 가꾸는 변인으로 작용한다.

시가 시간차를 따라가는 추보식이 아니라 전위적前衛的 형상을 이끌어 모더니풍의 이미지즘 형용에 다가선다.

시가 항상 산뜻하고 세련되어 있으며 절묘한 소재 선택이 시를 구조하는 데에 매우 멋있게 기여한다.

다만 시가 세련되었다는 의미는 한편 개성화의 특질을 방해할 것이라는 기우가 따른다.

다시 말하지만 신진으로 등장하는 시인으로서 이만큼 시를 잘 다루고 잘 경작한 사람은 드물 것이란 찬사를 앞세워 더욱 정려하여 시단을 빛내기를 기원하는 바이다.

김미애 시집
그대라는 빛

인쇄 2016년 01월 04일
발행 2016년 01월 08일

지은이 김미애
발행인 서정환
펴낸곳 신아출판사
주소 전북 전주시 완산구 공북 1길 16(태평동 251-30)
전화 (063) 275-4000 · 0484 · 6374
팩스 (063) 274-3131
이메일 shina2347@naver.com sina321@hanmail.net
출판등록 제465-1984-000004호
인쇄 · 제본 신아출판사

저작권자 ⓒ 2016, 김미애
이 책의 저작권은 저자에게 있습니다. 서면에 의한 저자의 허락없이 내용의 일부를 인용하거나 발췌하는 것을 금합니다.
COPYRIGHT ⓒ 2016, by Kim Miae
All rights reserved including the rights of reproduction in whole or in part in any form.
잘못된 책은 바꿔 드립니다.

ISBN 979-11-5605-287-6 03810

값 10,000원

이 도서의 국립중앙도서관 출판예정도서목록(CIP)은 서지정보유통지원시스템 홈페이지(http://seoji.nl.go.kr)와 국가자료공동목록시스템(http://www.nl.go.kr/kolisnet)에서 이용하실 수 있습니다.(CIP제어번호: CIP2015036259)

Printed in KOREA